HELADOS

Provocativos

Título original
Köstliches Eis
© 1993 Sigloch Edition, 74653 Künzelsau, Alemania

Editor
Panamericana Editorial Ltda.

Dirección Editorial
Andrés Olivos Lombana

Edición
María Cristina Rincón R.

Diagramación
Martha Ramírez Jáuregui

Traducción
María Lucía Bock

Fotografías

Archivo Artístico e Histórico: 9, 11, 12
Archivo de imágenes de la Propiedad Cultural Prusiana: 2
Bilderberg/Milan Horacek: 4/5, 26 (inferior)
Bilderberg/Andrej Reiser: 13
Hans Joachim Döbbelin: 14/15, 17 (2), 19, 22/23, 25, 26 (superior), 27, 31-107

Primera edición, Editorial Voluntad S.A., 1995
Primera edición en Panamericana Editorial Ltda., julio de 2002

© Panamericana Editorial Ltda.
Calle 12 No. 34-20, Tels.: 3603077 - 2770100
Fax: (57 1) 2373805
Correo electrónico: panaedit@panamericana.com
www.panamericanaeditorial.com.co
Bogotá, D. C., Colombia

ISBN volumen: 958-30-0945-8
ISBN colección: 958-30-0706-4

Impreso por Panamericana Formas e Impresos S. A.
Calle 65 No. 95-28, Tels.: 4302110 - 4300355, Fax: (57 1) 2763008
Quien sólo actúa como impresor.

Impreso en Colombia   Printed in Colombia

Horst Straßburg

HELADOS
Provocativos

Más de 100 recetas
con fotografías exclusivas
para este libro de
Hans Joachim Döbbelin

PANAMERICANA
EDITORIAL

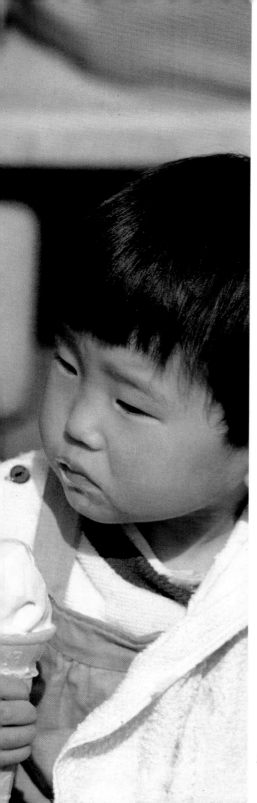

Contenido

El helado, un lujo espléndido

Desde la más tierna infancia, el helado representa uno de los mejores placeres. Paralelo al placer que produce este lujo aparece también un cargo de conciencia: comer helado puede resultar poco saludable. Conclusión, a todo lujo se añade el goce de lo malsano. Sin embargo podemos tranquilizarnos ya que desde esta perspectiva todo lo que comemos en exceso es dañino, porque son calorías o kilojulios indeseables para nuestro cuerpo. No obstante, el helado forma parte de los alimentos y gozos más sanos. Hay médicos que en algunos casos recomiendan helado como dieta a los padres preocupados por sus hijos enfermos o inapetentes. En todo caso el estómago recibe una sabrosa bebida algunos grados más fría que el hielo, que se derrite en la boca calentándose a una temperatura de 16° a 18°C.

Un helado aporta la totalidad de los nutrientes valiosos. Sólo la leche contenida en ¼ de litro de helado de crema cubre un octavo de las necesidades diarias de calcio, y provee minerales y vitaminas (A, B1, B2 y C). Según el tipo de helado el contenido proteínico (aminoácidos) varía de un 10 hasta un 30% sobre el de la leche fresca. Si comparamos con otros postres aporta menos calorías.

Por lo tanto no es insensato que la mayoría de los europeos prefiera el helado a las tortas y budines. Cada año aumenta también el consumo *per cápita*, que ya supera los 8 ½ litros, cantidad que la industria del helado cubre en un 80%. Naturalmente esto no siempre fue así.

Es difícil decir quién tiene más ganas de comerse el helado.

Desde hace tres mil años ...

Para todos los niños siempre ha sido divertido lamer un cono o derretir nieve fresca en la boca, durante el invierno, o con el hielo y nieve perpetuos de las altas montañas o de las regiones polares.

Las primeras generaciones de la especie del *homo sapiens* descubrieron que el frío del hielo podía conservar durante algún tiempo la carne u otros alimentos que se descomponían fácilmente. En algún momento descubrieron que no sólo podían almacenar víveres sino también proveerse de grandes trozos de hielo extraídos de lagos o ríos en las épocas frías del año, y mantenerlos en las cuevas o arrastrarlos hacia las rocas más cercanas y almacenarlos en los interiores rincones oscuros, para utilizarlos como nevera hasta el verano.

Alejandro Magno, en el año 329 a. de J. C., hizo instalar hielo en una cueva durante el asedio a una ciudad al sur del Mar Muerto. Con este hielo traído de las montañas cercanas se congelaban platos y bebidas para la mesa señorial.

Hacia mediados del siglo I d. de J.C. el emperador Nerón mandaba buscar hielo y nieve de los montes cercanos a Roma, para el sótano de su palacio, porque le encantaba beber su vino aromatizado bien helado. Para este propósito el cántaro de vino del emperador tenía dos compartimientos en los que se empacaba el hielo.

Tratando de encontrar algo similar a un helado, podemos remontarnos con toda confianza a miles de años atrás. Existen referencias de que los chinos, antiguos sabelotodos, desde hace tres mil años mezclaban frutas trituradas o en jugo con nieve o hielo molido para preparar una especie de sorbete o granizado. Algo parecido se dice del rey Salomón, soberano de los bíblicos países de Israel y Judea. El hielo finamente raspado debía mezclarse con higos picados, dátiles, pasas y otras frutas secas, endulzarse con miel y aromatizarse con jengibre, canela, cilantro, violeta y agua de rosas. ¿Quién desea intentar esta receta?

Según la tradición griega, Cadmo, el mítico hijo del rey de Fenicia, hermano de Europa –quien cabalgó sobre un toro a través del mar– y antepasado de la casa real de los tebanos, fue quien desde su patria llevó a los helenos la noticia sobre el placer que producían los alimentos congelados.

El médico griego Hipócrates (aprox. del 460 al 370 a. de J.C.) prescribió una especie de helado contra toda clase de enfermedades y también para que los hombres pudieran «vivificar la savia de la vida y llevar el bienestar». ¿Qué gusto tendría la copa de helado de Hipócrates? ¡Espero que no supiera como una amarga medicina!

También se sabe que en 1533 Catalina de Médicis, luego de su matrimonio con el posterior rey de Francia, Enrique II, llevó en su comitiva desde Florencia, su ciudad natal, hacia París, un ajuar provisto no sólo de una abundante dotación de cocina sino también de un gran número de distinguidos cocineros (inicio de la *Haute Cuisine* francesa). Entre ellos se encontraba un *gelatiere*, quien en su mente o tal vez en algún libro de recetas llevaba instruc-

Desde hace 200 años el martirio de escoger entre las delicias heladas no atormenta sólo al bello sexo.

ciones para preparar helados durante el viaje por los Alpes. Al finalizar el siglo XIII, Marco Polo, el veneciano viajero, había hecho lo mismo desde la lejana China.

Carlos I, rey de Gran Bretaña desde 1625 hasta 1649, era amigo del buen arte y de la buena mesa. Su cocinero preferido, a quien se le asignó una pensión real, lo embrujaba con sus helados. Qué quedó de esto, después que Cromwell dejó decapitar a su señor, no lo sabemos. En la segunda mitad del siglo XVII los burgueses parisinos tampoco envidiaban las nobles diversiones de comer helado. El siciliano Francesco Procopio dei Coltelli, afrancesado Procope Couteaux, desde 1672 servía en su Café – frente a la Comedia Francesa – las oscuras bebidas de moda de la época y también helado con licor y chocolate.

La fabricación de helados se benefició con algunas invenciones. En 1589 el físico italiano Giovanni Battista della Porta informó sobre un proceso para alcanzar mucho frío a partir de una mezcla de salitre y nieve. Por la misma época el florentino Bernardo Buontalenti esparció sal sobre hielo triturado alcanzando bajísimas temperaturas. Cómo funcionaba esto físicamente sólo se descubrió más tarde: la sal reduce el punto de congelación del agua y el hielo derretido cede su frío al entorno.

Esto permitía fabricar helado, naturalmente. Pero el procedimiento más cómodo se obtuvo cuando Coltelli (alias Couteaux) inventó en 1660 una *sorbetière* o caja de congelación, que giraba dentro de otro recipiente grande que contenía hielo y un suplemento salino. El helado que se pegaba a la pared interior de la caja debía rasparse con una espátula cada cierto tiempo, para que entrara aire a la masa de hielo y se volviera más suelta y liviana.

Estas máquinas de hielo se perfeccionaron más tarde. La espátula manual se remplazó por una batidora mecánica, que se movía en sentido contrario al de la caja. Ya entrado nuestro siglo en muchos hogares los domingos se empleaban en dar vueltas a la manivela, colocando bloques de hielo salpicados con sal. ¡La alegría anticipada por el exquisito helado crecía! Pero qué lástima, la caja no estaba lo suficientemente cerrada y un poco de sal lograba pasar al interior.

A pesar de que al finalizar el siglo XVII el mecanismo aún era manual, el número de heladeros o *limonadiers* aumentó rápidamente. En 1685 París contaba con 250 heladeros, que eran más que los miembros del gremio de vendedores de frutas y flores. Al parecer los alemanes esperaron otros 100 años para inaugurar el placer de consumir helados. En Hamburgo, en el malecón del Alster en Jungfernstieg, sólo a partir de 1799 se disfrutaron «refrescos de todo tipo, especialmente helado» en *Quatre Barbes* del emigrante Vicente Augustin Lancelot. En ese entonces los franceses eran, evidentemente, los artistas del helado.

Hacia el final del siglo XVIII Charles Mytilène publicó su libro de recetas sobre helados. Una receta alemana sólo apareció 100 años después, y se encuentra en el libro de medicina y cocina de Eleonora Maria Rosalia Herzogin von Troppau y Jägerndorff, escrito en Viena en 1697.

La *sorbetière* giraba sin cesar, con o sin batidora, enfriada con hielo natural y sal. Esta necesidad creció con más exigencias hasta lograr deliciosos platos de helado. El hielo provenía de los nevados alpinos, Noruega y Europa Central. En 1898 la empresa «Gartenlaube» informó que durante el primer trimestre de cada año importaba del Imperio Alemán gran cantidad de hielo natural. Desde hacía décadas existían, por ese entonces, máquinas para la fabricación de helados.

La cronología de los descubrimientos en el arte de la refrigeración se resume así:

1810   Sir John Leslie presenta una instalación capaz de enfriar utilizando ácido sulfúrico concentrado como absorbente del frío y agua como medio de enfriamiento.

1834   El americano Jacob Perkins, residente en Inglaterra, patenta una máquina de compresión en frío (para enfriar con éter). El éter etílico primero se evapora en serpentinas frías y luego se vuelve líquido por compresión.

1860   Philippe Edouard Carrée empleó amoníaco absorbido por el agua como medio de enfriamiento.

El arte de preparar un buen helado se amplió después que Francesco Procopio dei Coltelli (alias Procope Couteaux) inventó la sorbetière *en 1660. Los angelotes trajeron el divino placer del Olimpo.*

La movilidad de los vendedores de helados parece no tener fronteras.
Alrededor de 1925, en el lago berlinés de Wannsee, navegaba el primer
bote de motor con helados. Los bañistas se mostraron muy entusiasmados.

1868   En los EE.UU. se logra el primer helado compacto mediante una máquina de absorción.

1869   Carl Linde, hijo de campesinos de Oberfranken, produce un «helado mejorado utilizando una máquina para enfriar».

1873   Aparece la primera máquina de compresión para enfriar con amoniaco de Carl Linde, para la cervecería Sedlmayr de Munich.

1879   Fundación de la Sociedad para las máquinas de helado Linde AG.

Al principio el desarrollo continuó sólo con instalaciones para fines industriales. En 1910 cien casas de los EE.UU. disponían ya de una nevera eléctrica. En 1912 la AEG ofreció a las amas de casa de Alemania una «máquina automática para hielo» a un precio de 1.500 marcos oro. Pero ¡quién tenía en ese entonces tanto dinero!

En general, la leche y la mantequilla se conservaban en el sótano frío o, aún más lujoso, se colocaba un refrigerador en la cocina y cada semana se encargaba un bloque de hielo. Después de la Segunda Guerra Mundial la nevera eléctrica casera se instauró definitivamente, seguida de inmediato por el congelador. Ya en los años veinte el helado había ganado popularidad. Los cafés y restaurantes ofrecían «helado batido con crema». Al comenzar las estaciones cálidas numerosos heladeros abrían sus puestos, en su mayoría administrados por italianos. En la entrada de las piscinas públicas o instalaciones deportivas se colocaba un carro con helados, que con frecuencia era una bicicleta provista con un cajón, techado con cubierta metálica. El heladero, con su grito «¡helado, helado, helado de crema!» atraía los deseos por una o dos bolas de helado de vainilla, fresa o chocolate dentro de un barquillo. El placer era total.

En los EE.UU. y en Inglaterra también se industrializó el helado y en 1935 una fábrica de helados de Hamburgo acaparó la producción. Un año más tarde su «paleta» fue un gran éxito en los Juegos Olímpicos de Berlín.

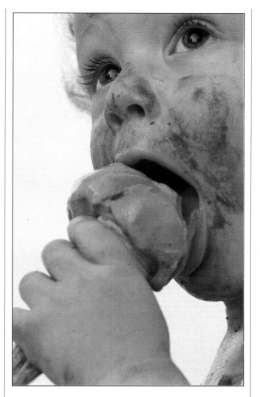

Siguiente doble página: no tema tomarse un tiempo para disfrutar las delicias heladas brindando completo placer al paladar y a la vista. Algunos utensilios sirven para dar un toque mágico al plato.

13

El placer de la presentación

Hoy todo el mundo puede disfrutar un delicioso helado, comprándolo en un comercio o pidiéndolo a domicilio. Las clases y formas de presentación de diversos bombones helados son muchas, comenzando con galletitas, *waffles* y pasabocas para consumir en el camino hasta vasos y cubiletes caseros y recipientes especiales que pueden contener de 0,5 a 3 litros. Además del surtido estándar de helado de crema de vainilla, chocolate y diversas frutas, cada empresa ofrece en el mercado nuevas especialidades: preparaciones de helados con diversas salsas o suplementos con crema de leche, rollos de helado, bombas, tortas y muchas más que satisfacen todos los deseos.

Existen dos tipos básicos de helados:

el italiano, también llamado napolitano o francés, preparado con frutas, leche, huevos y azúcar como ingredientes principales;

y el americano con mantequilla, crema de leche, azúcar, frutas y emulsionantes como ingredientes principales, es decir, el típico helado de crema de frutas.

Estos dos tipos presentan numerosas variaciones. Para proteger a los consumidores, la legislación alemana, con el « Decreto sobre el helado» de 1933, implementó términos uniformes y estableció exigencias mínimas en cuanto a ingredientes e higiene en la fabricación y distribución de helados. En la primera versión del decreto del 22 de diciembre de 1981 se debían diferenciar por su composición:

1. **Helado de crema con huevo**, con un mínimo de 270 g de huevo entero o 100 g de yema de huevo por cada litro de leche.
2. **Helado de frutas**, con un contenido mínimo de 20% de frutas o productos de frutas y para el helado de limón de un 10%.
3. **Helado de crema de leche**, con un contenido mínimo de 60% de crema de leche batida.
4. **Helado de leche**, con un mínimo de 70% de leche.
5. **Helado de crema,** fabricado con productos pasteurizados, homogenizados, «maduros» y congelados. El helado de crema de frutas debe contener un 8% de leche entera; otros helados de crema un 10%.
6. **Helado sencillo de crema,** se diferencia del anterior por su menor contenido de grasa láctea (mínimo un 3%).
7. **Helado artificial**, su composición no corresponde a ninguno de los mencionados. Se puede fabricar con aromas, sabores y colorantes artificiales.

En un futuro cercano este decreto sobre el helado se ajustará a las directivas de la Comunidad Económica Europea, posibilitando que los helados también contengan grasas vegetales y mantequilla.

El helado se transporta tanto en vehículos equipados con sistema de congelación o cuarto frío como por medio de una «cadena congelada» ininterrumpida desde la fábrica hasta los refrigeradores de los almacenes. Después de comprar un envase de helado puede llevarlo a casa sin riesgo de que pierda sus grados de congelación, envolviéndolo con varias capas de papel periódico. El tiempo máximo de conservación se señala en cada empaque. Los helados comerciales pueden conseguirse congelados a las siguientes temperaturas:

- 6°C (68°F) o más frío
- 12°C (79°F) o más frío
- 18°C (90°F) o más frío
- 18°C (90°F) o más frío con capacidad de enfriamiento mayor

El helado sólo se conserva por pocas horas en una nevera que no tenga congelador. Esto también depende de cuán frío estaba antes y de la graduación de la nevera.

Para poder retirar el helado de su empaque es mejor colocarlo por un tiempo en agua caliente y luego depositar el contenido sobre una tabla previamente enfriada, para facilitar el corte en tajadas.

Si utiliza un cuchillo con canales podrá cortar tajadas con un diseño ondulado sobre la superficie.

Es mejor dejar el helado en su empaque y sacar bolas con una cuchara común o especial.

Comer helado es de por sí un placer, que puede aumentar considerablemente si lo sirve con otros ingredientes. No en vano cada comercio decora artísticamente sus diversas copas de helado.

En este libro encontrará numerosas sugerencias que le permitirán, con un poco de tiempo y creatividad, elevar el placer que proporcionan los helados. Tal vez tenga ya la mayoría de los utensilios que sugerimos y una manga pastelera con diferentes boquillas. Si no cuenta con una cuchara especial para retirar porciones también puede preparar los helados de otra forma. Lo importante es regalarse la alegría de crear y disfrutar la delicia de un helado bien frío. ¡Mucho éxito!

Cómo preparar helado casero

Las numerosas sugerencias para preparar copas y postres helados, bombas y otras exquisiteces frías que encontrará en el capítulo principal del libro provienen de la abundante oferta de la industria. Lo que produce más placer no es, sin embargo, crear un plato de helado combinando productos ya preparados y decorándolos de manera agradable, sino elaborar todo en casa desde la base, particularmente el helado. No obstante, éste se debe conservar por unos días en el congelador.

¿Qué contiene el helado?

En las recetas de helados, la lista de ingredientes es constante.

La leche, por derecho la más preciada bebida, con un alto contenido de calcio para la conservación del sistema óseo, por sus propiedades debe utilizarse fresca para que conserve su buen sabor. Su contenido graso juega un papel secundario.

La crema de leche tiene mala fama por su 30% de contenido graso y el consabido colesterol. Pero batida es ideal por las burbujas de aire que contiene; por esto muchas recetas de helado la necesitan.

Los huevos sirven tanto para mejorar el sabor como para ligar el líquido y suavizar el helado. Al congelar el helado, los huevos evitan que los cristales de hielo crezcan demasiado. La clara de huevo batida, al igual que la crema de leche batida, aligera la masa del helado.

El azúcar endulza el helado, y como es el carbohidrato más concentrado también es motivo de controversia. Si debe emplearse, ya sea blanco o moreno, tendrá que ser refinado. El azúcar se puede remplazar por sustitutos, pero teniendo siempre en cuenta que la capacidad de endulzar de éstos es variable y por lo tanto se deben verificar las indicaciones impresas para su uso.

La miel es el endulzante más antiguo y natural; aporta su propio gusto al helado. Si desea remplazar el azúcar por miel recuerde que ésta es un 20% menos dulce.

La vainilla suministra su apreciado aroma tanto a los platos dulces y de pastelería como al helado.

Las vainas son cápsulas que contienen las semillas de la orquídea trepadora suramericana. Las vainas con semillas desarrollan su aroma cuando se secan y fermentan. El *Bourbon* con sabor a vainilla es particularmente conocido.

Excelente resultado con poco gasto:
Pasabocas con Frutas y Helado (v. pág 48).

En cocina se utilizan las semillas negras raspadas o el azúcar avainillado. El aroma de vainilla también se fabrica sintéticamente. En general, el azúcar avainillado se puede utilizar sin problema en las recetas.

El chocolate es muy apreciado por el sabor que imparte al helado. Se emplea en tabletas, rallado y en polvo. El chocolate en tabletas o pastillas se debe partir y derretir al baño maría o en horno microondas.

Las frutas se pueden emplear en casi todas las formas, frescas, en conserva o congeladas. Tanto las frutas comunes como las exóticas son muy apreciadas y constantemente aparecen nuevos nombres en el mercado.

Las nueces aportan un buen sabor al helado, sobre todo las de nogal, avellanas, pistachos, marañones, maníes, nueces de Pará, cocos y todas las variedades restantes, sin olvidar las almendras dulces y castañas. El sabor se acentúa si las semillas –en trozos, ralladas, picadas o en rodajitas– se tuestan en una sartén antes de emplearlas.

Las bebidas alcohólicas –vinos, *brandies* de frutas y licores– complementan el sabor de diversas clases de helados. Para sorbetes también se emplea vino espumoso. En el momento de servir puede rociar de nuevo el helado con la bebida alcohólica que haya empleado.

Qué utensilios se necesitan

Existen tres métodos para preparar helado casero, según las diversas condiciones de la dotación de cocina, desde el más sencillo hasta el elaborado con una máquina para helados casera.

Para la fabricación de helado se emplean cubiertos, vajillas y aparatos disponibles en casi todas las cocinas, comenzando por una batidora manual, rallador, paleta batidora eléctrica, molinillo eléctrico y el mezclador para la máquina casera. Con respecto a los recipientes para las mezclas, no faltan en casi todas las casas, que también disponen de recipientes de todos los tamaños para conservar el helado en el congelador. Es útil una olla especial para el baño maría que permite batir la crema caliente sin cocinarla y luego revolverla en frío antes de congelar. Pero también se puede preparar con un método de baño maría sencillo.

La paleta de helados básicos de las páginas 22 y 23 presenta los siguientes sabores en el sentido de las manecillas del reloj, comenzando en las 12: de almendras, nuez, miel, Stracciatella, limón, crema, manzana, melocotón, frambuesa, cereza ácida y chocolate. En el centro: piña, requesón y vainilla.

20

Con el congelador es fácil

El congelador de una nevera es la «máquina» más sencilla para preparar un sinnúmero de tipos de helados.

En este procedimiento los huevos deben incorporarse fríos o calientes, mezclados con la crema de leche batida y sustancias para dar sabor. La preparación se coloca en un recipiente o molde y se congela.

Es mejor que el recipiente sea metálico porque transmite más rápidamente el frío que la cerámica o el plástico. También sirven los moldes de pastelería. Las siguientes recetas se pueden preparar con los equipos caseros disponibles y se marcarán con la letra **C** y el número de página correspondiente en el recetario principal.

Helado de Crema de Vainilla

Para aprox. 700 ml :

500 ml de crema de leche
80 g de azúcar
2 yemas de huevo
½ vaina de vainilla
azúcar avainillado al gusto

Batir la crema con la mitad del azúcar a velocidad media.

Aparte, batir las yemas con el azúcar restante, las semillas de la vaina de vainilla raspada y el azúcar avainillado, en un recipiente al baño maría caliente. Volver a batir esta mezcla en frío y combinar con la crema.

Pasar la preparación a un recipiente o molde y congelar durante la noche. Para desmoldar, sumergir el recipiente en agua caliente o sacar porciones con una cuchara para helado.

La mezcla de vainilla de esta receta puede combinarse con otros sabores.

Helado de Crema de Chocolate

Para aprox. 700 ml:

175 g de chocolate en tableta
500 ml de crema de leche
azúcar avainillado al gusto
2 yemas de huevo
50 g de azúcar
20 ml de ron

Partir el chocolate en trozos y derretir al baño maría o en una taza en el microondas (por 3 a 4 minutos). Batir la crema de leche con el azúcar avainillado. Aparte, batir las yemas con el azúcar y el ron al baño maría caliente y luego en frío. Revolver el chocolate derretido y mezclar con las yemas y la crema. Pasar a un recipiente y congelar.

Helado de Crema de Fresa

Para aprox. 900 ml:

250 g de fresas frescas
2 cdas. de jugo de limón
100 g de azúcar
500 ml de crema de leche
2 claras de huevo
azúcar avainillado al gusto

Lavar, escurrir y quitar el tallo de las fresas. Licuarlas con el jugo de limón y la mitad del azúcar. Batir la crema de leche con el azúcar restante a velocidad media. Aparte, batir las claras y el azúcar avainillado a velocidad alta. Mezclar el puré de fresas con las claras a punto de nieve y la crema batida. Pasar a un recipiente y congelar.

Helado de Albaricoque y Tofu

El tofu es un requesón de leche de soya y sal marina. Es rico en proteínas vegetales, ácidos grasos insaturados; minerales y vitaminas; su contenido de carbohidratos es bajo. El tofu se consigue blando, normal y sólido. Se puede emplear en platos dulces y salados.

Para aprox. 600 ml:

200 ml de crema de leche

azúcar avainillado al gusto

125 g de tofu blando

125 g de yogur

4 cdas. de miel de abejas

2 cdas. de jugo de limón

1 cdita. de cáscara rallada de limón

200 g de albaricoques enlatados

Batir la crema de leche con el azúcar avainillado a velocidad media. Batir los ingredientes restantes durante 1 minuto y luego mezclar con la crema con movimientos envolventes. Pasar a un recipiente y congelar.
Colocar el recipiente en agua caliente y desmoldar el helado sobre un plato previamente enfriado. Cortar en tajadas y servir con ensalada de frutas y crema de leche batida, en platos previamente enfriados.

Helado de Crema de Melocotón

Para aprox 700 ml:

200 g de melocotón

500 ml de crema de leche

80 g de azúcar

20 ml de licor de melocotón

Deshuesar y licuar los melocotones. Aparte, batir la crema de leche con el azúcar, a velocidad media.
Mezclar todos los ingredientes con la crema batida, con movimientos envolventes. Pasar a un recipiente y congelar.

Con la batidora es más rápido

Para preparar el siguiente grupo de recetas además del congelador se necesita una batidora con cuchillas.

El método es muy sencillo: colocar en un recipiente las frutas y la crema de leche, congeladas y cortadas en trozos, leche o jugo, azúcar pulverizado, cacao o chocolate (opcional) y algo de líquido; trabajar con la batidora de cuchillas hasta obtener una masa homogénea.

Este tipo de helado debe consumirse de inmediato porque sabe mejor; no es muy frío. Si desea servirlo más tarde, refrigérelo. No congele para evitar la formación de grandes cristales de hielo.

Las recetas de helado fabricadas con este método se señalarán en el recetario principal con la letra **B** y el número de página correspondiente.

Helado de Crema de Leche

Para aprox. 600 ml:

500 ml de crema de leche congelada, cortada en trozos

125 g de azúcar pulverizado

azúcar avainillado al gusto

Batir los tres ingredientes hasta obtener una masa homogénea. Consumir de inmediato, o pasar a un recipiente, congelar y luego cortar en tajadas.

Esta receta se puede preparar con varios sabores.

Helado de Fresa

Para aprox 700 ml:

500 g de fresas congeladas

150 g de azúcar pulverizado

2 cdas. de jugo de limón

50 ml de crema de leche

100 ml de leche entera

¼ litro de salsa de vainilla (opcional)

astillas de chocolate, para decorar

Batir las fresas con el azúcar pulverizado y el jugo de limón, y sin detener el proceso, verter la crema y la leche.

Este helado se puede colocar de inmediato en copas y conservarlo en el congelador por un rato. Para servir, rociar con salsa de vainilla y decorar con astillas de chocolate.

También puede cortar este helado en mitades y colocarle fresas o bizcocho en el centro. Para servir, rociar la salsa en un plato previamente enfriado, colocar las tajadas de helado y decorar alrededor con fresas.

Helado de Chocolate

Para aprox. 600 ml:

400 g de crema de leche congelada, cortada en trozos
200 g de azúcar pulverizado
12 cdas. de cacao en polvo
40 ml de ron

Batir todos los ingredientes hasta obtener una masa homogénea.

Este helado se puede servir de inmediato o congelarlo por unos días y luego combinarlo con otros sabores, en copas.

Las máquinas caseras actuales son muy convenientes y más fáciles de manejar que este aparato de un heladero japonés.

Con una máquina para preparar helados es perfecto

Quien haya disfrutado durante largo tiempo de la oferta comercial de helados de excelente calidad, tal vez, con el tiempo, desee fabricar por sí mismo otros sabores. Hoy esto se puede llevar a cabo en una cocina común, a bajo costo y de manera confortable, ya que el mercado ofrece distintos aparatos.

Las máquinas que han dado buen resultado en las cocinas caseras, están armadas con uno o dos enfriadores, que permiten transferir indirectamente el frío del congelador a la masa helada. Esta masa deberá moverse en forma constante y se mantendrá cremosa, ya sea por medio de un mecanismo eléctrico o en aparatos más sencillos, batiendo a mano. La capacidad de estas máquinas es de 0,5 hasta 1,5 litros y también existen batidoras con dos vasos, cuya capacidad es de 0,6 litros cada uno.

También se consiguen otros modelos con un recipiente externo que debe llenarse con hielo rociado con sal, y otros con una batidora eléctrica que enfría directamente.

Otro tipo de máquinas produce frío al enchufarlas –llamadas máquinas para sorbete– y ya están disponibles en el comercio.

Los helados básicos fabricados con máquinas caseras se señalan en el recetario principal con la letra **M** y el número de página correspondiente. Pueden mantenerse congelados y utilizarse en otras recetas, como se describe a partir de la página 34.

Helado de Crema Básico
(variaciones en el recetario principal)

Para aprox. 1 litro:

8 yemas de huevo
200 g de azúcar
500 ml de leche
250 ml de crema de leche

Batir las yemas con el azúcar al baño maría hasta que estén cremosas. Cocinar la leche con la crema, dejar enfriar y revolver con las yemas. Calentar de nuevo al baño maría, sin dejar hervir. Luego revolver colocando la preparación sobre agua muy fría (baño maría con cubos de hielo), aromatizar como se describe en el recetario principal y congelar en la máquina.

Helado de Crema Stracciatella

Para aprox. 1 litro:

6 yemas de huevo
160 g de azúcar
500 ml de leche
250 ml de crema de leche
100 ml de cobertura de chocolate derretida
2–4 cdas. de astillas de chocolate

Preparar el helado de crema básico como se describió en la receta anterior, con las yemas, el azúcar, la leche y la crema. Colocar al baño maría frío y congelar en la máquina. Agregar la cobertura y las astillas de chocolate y poner a funcionar la máquina. El helado quedará mezclado con el chocolate.

Helado de Crema de Chocolate

Para aprox. 600 ml:

500 ml de crema de leche
175 g de chocolate en tabletas
2 yemas de huevo
50 g de azúcar

Calentar la mitad de la crema. Partir el chocolate en trocitos y revolver con la crema caliente hasta que se derrita.

Aparte, batir la crema restante con el azúcar al baño maría hasta que esté suave; luego revolverla al baño maría frío. A velocidad alta, mezclar ambas cremas con las yemas y congelar en la máquina.

Helado de Turrón de Almendra

Para aprox. 600 ml:

2 huevos
75 g de azúcar pulverizado
azúcar avainillada al gusto
125 ml de crema de leche
375 ml de leche
175 g de turrón de almendra

Batir los huevos con ambos azúcares, la crema y la leche. Calentar sin dejar hervir hasta que estén suaves y cremosos.

Partir el turrón de almendra en trozos y derretirlos en la preparación caliente. Revolver la mezcla al baño maría frío y congelar en la máquina.

Helado de Nuez

Para aprox. 700 ml:

250 ml de leche
250 ml de crema de leche
125 g de azúcar
3 huevos
125 g de nueces de nogal

Revolver la leche con la crema, azúcar y huevos; calentarla al baño maría sin dejar hervir, revolviendo hasta que esté suave y cremosa.

Triturar las nueces en la licuadora, dorarlas en una sartén e incorporar a la crema caliente. Revolver la mezcla al baño maría frío y congelar en la máquina.

Helado de Cereza Ácida

Para aprox. 600 ml:

500 g de cerezas ácidas deshuesadas

175 g de azúcar

1 pizca de canela

250 ml de jugo de cereza, o 125 ml de crema de leche mezclada con jugo de cereza

2 huevos

Cortar algunas cerezas en trozos finos. Licuar los ingredientes restantes, añadir los trozos de cereza y congelar de inmediato en la máquina.

Este helado también se puede preparar con otras clases de frutas, sin utilizar la canela (sólo para cerezas o ciruelas).

Helado de Manzana

Para aprox. 800 ml:

500 g de manzanas

jugo de 1 limón

175 g de azúcar pulverizado

1 pizca de canela

250 ml de jugo de manzana

100 ml de crema de leche

Pelar y retirar el corazón de las manzanas; cortarlas en cascos y rociar con jugo de limón. Licuar todos los ingredientes y congelar de inmediato en la máquina.

Helado de Limón

Para aprox. 600 ml:

300 g de azúcar

300 ml de agua

tiras de cáscara de 4 limones

125 ml de jugo de limón

3 claras de huevo

Primero preparar un almíbar, disolviendo el azúcar en el agua, a fuego bajo durante 1 minuto. Cocinar la cáscara de limón en el almíbar caliente durante 2 horas. Revolver con el jugo y pasar la mezcla por un colador.

Batir las claras a velocidad alta y revolverlas con el jarabe de azúcar y limón. Congelar la mezcla en la máquina hasta que esté de color blanco brillante.

Helado de Yogur de Piña

Para aprox. 900 ml:

375 g de yogur natural

375 g de piña

125 ml de jugo de piña sin endulzar

jugo de 1 limón

100 g de miel de abejas

4 claras de huevo

Licuar el yogur con la piña, los jugos de piña y limón y la miel. Batir las claras a velocidad alta e incorporarlas a la mezcla. Congelar de inmediato en la máquina.

Helado de Requesón

Para aprox. 600 ml:

125 g de requesón

3 huevos separados

125 g de miel de abejas

250 ml de leche entera

125 ml de crema de leche

½ vaina de vainilla

Escurrir el requesón en un colador y revolverlo con las yemas, la mitad de la miel, la leche y la crema. Incorporar la vainilla y calentar la preparación al baño maría. Luego colocarla en un baño maría frío. Retirar la vainilla y raspar las semillas sobre la mezcla de requesón.
Batir las claras con la miel restante a velocidad alta y mezclar con el requesón. Congelar en la máquina.

Helado de Miel

Para aprox. 800 ml:

375 ml de crema de leche

225 g de miel de abejas

3 claras de huevo

Licuar todos los ingredientes y congelar de inmediato en la máquina.

Solistas: Helados de Té, de Crema de Vainilla con Agua de Azahar, y de Lavanda.

Helados aromáticos que pueden servirse solos

Helado de Té

Para 8 – 10 porciones, aprox. 1.200 ml:

1 litro de leche

300 g de azúcar

150 ml de té negro fuerte

4 cdas. de ron

8 yemas de huevo

Cocinar la leche con el azúcar; agregar el té y el ron.
Batir las yemas con un molinillo y mezclarlas con la leche con movimientos envolventes. Batir al baño maría caliente hasta que esté cremoso; colar. Colocar al baño maría frío y congelar en la máquina.

Helado de Crema de Vainilla con Agua de Azahar

Para 6 - 8 porciones, aprox. 800 ml:

1 vaina de vainilla

1 huevo

5 yemas de huevo

150 g de azúcar

1 pizca de sal

4 cdas. de agua de azahar

500 ml de leche

250 ml de crema de leche

Cortar la vainilla a lo largo y raspar la pulpa. Mezclar el huevo con las yemas, la mitad del azúcar, la pulpa de vainilla, sal y agua de azahar. Batir al baño maría caliente hasta que esté cremoso.
Cocinar la leche con la crema y el azúcar restante; combinar con la mezcla de huevo y azúcar con movimientos envolventes. Revolver al baño maría frío. Dejar enfriar y congelar en la máquina.

Helado de Lavanda

Para 4 – 6 porciones, aprox. 600 ml:

1 cdita. de flores de lavanda
200 g de azúcar
250 ml de leche
8 yemas de huevo
250 ml de crema de leche

Triturar las flores de lavanda con el azúcar hasta obtener un polvo y disolverlo por completo en la leche.

Con un molinillo, mezclar las yemas con la crema e incorporar a la preparación anterior. Congelar en la máquina.

Helado de Mango

Para 4 porciones, 600 - 800 ml según el tamaño de la fruta:

1 mango
60 g de azúcar pulverizado
100 ml de leche entera
1 cdita. de miel de abejas
1 cda. de jugo de limón

Pelar y deshuesar el mango. Licuar la pulpa con el azúcar, leche, miel y jugo de limón. Congelar en la máquina.

Servir el helado en tartaletas (v. pág. 52) y decorar con cascos frescos de mango. Esta receta es deliciosa con una ensalada de frutas tropicales.

Helado de Crema de Aguacate

Para 4 porciones, 600 - 800 ml según el tamaño de la fruta:

2 aguacates grandes maduros
jugo de 1 limón
500 ml de leche
100 g de azúcar

Pelar y deshuesar los aguacates; rociar la pulpa de inmediato con el jugo de limón para evitar que se oscurezca. Licuar la pulpa con la leche y el azúcar. Congelar en la máquina.

Rellenar tartaletas (v. pág 52) con el helado y servir con trozos de aguacate fresco. También se puede servir en mitades de aguacate.

Helado de Crema de Maracuyá

Para 4 porciones, aprox. 600 ml:

1 kg de maracuyá
375 ml de leche
6 cdas. de crema de leche
3 cdas. de azúcar pulverizado
jugo de 1 lima

Cortar los maracuyás en mitades y retirar la pulpa con una cuchara; triturarla en la licuadora y colar. Deben obtenerse aproximadamente 250 ml de jugo de maracuyá. Añadir la leche, crema, azúcar y jugo de lima; revolver hasta que el azúcar se disuelva. Congelar en la máquina.

El fino aroma de este helado puede apreciarse mejor si se consume de inmediato.

Los helados de Mango, de Crema de Aguacate y de Crema de Maracuyá, pueden servirse en un solo plato.

Corazones de Waffle con Helado Stracciatella

Para 6 porciones:

3 melocotones

125 ml de crema de leche

2 Corazones de Waffle (v. receta siguiente)

600 ml de Helado de Crema Stracciatella *

3 cdas. de pistachos picados

Hervir los melocotones en agua caliente, pelar, deshuesar y cortarlos en cascos. Batir la crema a velocidad alta y dejarla reposar en un lugar frío. En un plato previamente enfriado, servir los cascos de melocotón con bolas de helado y los *waffles*. Colocar la crema en una manga pastelera y formar una roseta. Espolvorear con los pistachos y servir los *waffles* restantes por separado.

*Para preparar el Helado de Crema Stracciatella en casa, véase pág. 28 (**M**).

Corazones de Waffle

Para 4 - 6 waffles:

125 g de mantequilla

100 g de azúcar

3 huevos separados más 3 claras

azúcar avainillado al gusto

150 g de harina de trigo cernida

grasa para la wafflera

Con batidora, mezclar la mantequilla y el azúcar hasta que esté cremosa. Añadir las yemas y continuar revolviendo.

Batir las claras con el azúcar avainillado a velocidad alta. Mezclar la harina con la preparación de mantequilla y luego con la clara de huevo a punto de nieve; incorporar con movimientos envolventes. Calentar y engrasar la *wafflera*, verter la masa por cucharadas y dejar dorar.

Postre de Helado de Vainilla con Higo

Para 4 porciones:

Salsa Melba (v. receta siguiente)

400 ml de Helado de Vainilla *

4 higos frescos (brevas)

100 ml de crema de leche

Hojas de Chocolate (v. receta siguiente)

Verter la Salsa Melba en un plato previamente enfriado; retirar porciones de helado y colocar sobre el plato.

Cortar los higos en rodajas y disponerlas a un costado de las bolas de helado. Decorar con la crema batida y las Hojas de Chocolate.

* Para preparar el Helado de Vainilla en casa, véanse págs. 21 (**C**) y 38 (**M**).

Salsa Melba

Para 4 porciones:

250 g de frambuesas

80 g de azúcar pulverizado

20 ml de licor de frambuesa

Licuar las franbuesas con el azúcar y el licor; despúes, pasar esta salsa por un colador.

Hojas de Chocolate

200 g de cobertura de chocolate oscuro

algunas hojas frescas de superficie lisa (de naranjo, rosa o laurel)

Derretir la cobertura al baño maría. Tomar cada hoja por el tallo, colocarla sobre la superficie de la cobertura, dejarla escurrir un poco y apoyarla sobre papel pergamino hasta que se endurezca.

Desprender la hoja con cuidado cuando la cobertura esté sólida.

Deben quedar hojas de chocolate con las finas vetas del modelo natural.

Frutas Gratinadas con Helado de Vainilla

300 g de frutas mixtas (fresas, bananos, papayas, mangos, kiwis)

20 ml de licor de naranja

150 g de yema de huevo

80 ml de vino blanco

½ cdita. de canela

40 g de azúcar pulverizado

125 ml de crema de leche

20 ml de brandy

200 ml de Helado de Vainilla (v. receta siguiente)

1 ramita de menta

Pelar y cortar las frutas en trozos; perfumar con el licor de naranja.

Calentar las yemas con el vino blanco, canela y azúcar al baño maría; añadir la crema. Batir sin dejar de cocinar hasta que la preparación esté cremosa; verter el *brandy* y reservar.

Disponer las frutas sobre un plato, cubrirlas con el sabayón reservando, espolvorear con canela y dorar ligeramente la superficie en el horno.

Retirar porciones de helado y disponer sobre el plato con las frutas doradas; decorar con las hojas de menta.

Helado de Vainilla

Para aprox. 600 ml:

350 ml de leche entera

½ vaina de vainilla

2 huevos

80 g de azúcar

125 ml de crema de leche

Cocinar la leche con las semillas de vainilla raspadas. Batir los huevos con el azúcar al baño maría, hasta que estén cremosos. Batir con la leche sin dejar hervir. Colocar al baño maría frío.

Batir la crema de leche a velocidad alta, mezclarla con la preparación anterior y congelar en la máquina.

Postre de Frutas y Helados

Para 4 porciones:

500 g de frutas mixtas (higos, fresas, manzanas, cerezas)

125 ml de crema de leche

200 ml de c/u: Helado de Pistacho y de Café; Granos de Chocolate y Café (v. recetas siguientes)

Preparar una ensalada con las frutas. Batir la crema hasta que esté firme. Colocar los envases de helado en agua caliente y desmoldar con cuidado sobre una bandeja. Cortarlo en tajadas y luego en triángulos. Servirlo con la ensalada de frutas en un plato previamente enfriado. Decorar con la crema batida y los Granos de Chocolate y Café. Servir con galletas.

Granos de Chocolate y Café

4 claras de huevo, 100 g de azúcar pulverizado, 150 g de harina de trigo, 350 ml de crema de leche, azúcar avainillado al gusto, 1 cda. de café preparado fuerte, 1 cda. de café molido fino, 100 g de cobertura de chocolate

Precalentar el horno a 180°C (382°F). Batir las claras a velocidad alta y espolvorear con ⅓ del azúcar. Mezclar la harina con la leche y ambos azúcares; agregar los dos cafés. Revolver con las claras a punto de nieve. Colocar la preparación en una manga pastelera con boquilla #6. Forrar una lata con papel encerado, formar encima granitos de pasta y hornear aproximadamente por 10 minutos. Derretir la cobertura al baño maría caliente y sumergir hasta la mitad los granos fríos. Secarlos en un sitio aireado.

Helado de Pistacho

Para aprox. 750 ml:

75 g de pistachos

ingredientes para 500 ml de Helado de Crema Básico (v. pág. 27 -**M**-)

100 ml de licor de almendra

Moler finamente los pistachos. Preparar el Helado de Crema Básico como se describe en la receta y añadir los pistachos y el licor. Congelar en la máquina.

Helado de Café

Para aprox. 500 ml:

250 g de café finamente molido

ingredientes para 500 ml de Helado de Crema Básico (v. pág. 27 -**M**-)

Combinar el café con la mezcla de leche y crema cocida de la receta básica y dejar por 20 minutos; colar. Continuar con la preparación del helado (según receta de la pág. 27), agregando la mezcla de café, leche y crema a las yemas. Congelar en la máquina.

Copa Helada Málaga

Para 4 copas:

40 ml de crema de leche

8 bolas de Helado Málaga (v. receta siguiente)

4 copitas de vino Málaga

4 bolas de Helado de Vainilla*

4 bolas de Helado de Almendra (v. receta siguiente)

2 cditas. de astillas de chocolate

B atir la crema a velocidad alta.
En cada copa previamente enfriada colocar una bola de helado Málaga y rociar con el vino. Agregar las bolas de helado restantes y decorar el centro con la crema; salpicar con astillas de chocolate.
Servir con galletitas.

* Para preparar el Helado de Vainilla en casa, véanse págs. 21 (**C**) y 38 (**M**).

Helado Málaga

Para aprox. 500 ml:

ingredientes para 500 ml de Helado de Crema Básico (v. pág. 27 -**M**-)

20 ml de vino Málaga

P reparar el helado de crema básico siguiendo las indicaciones de la receta. Enfriar y revolver con el vino Málaga. Congelar en la máquina.

Helado de Almendra

Para aprox. 500 ml:

ingredientes para 500 ml de Helado de Crema Básico (v. pág. 27 -**M**-)

50 g de almendras, peladas y molidas

2 almendras amargas molidas

P reparar el Helado de Crema Básico siguiendo las indicaciones de la receta. Enfriar y mezclar con las almendras molidas. Congelar en la máquina.

Postre Helado de Nuez de Nogal

Para 4 porciones:

16 dátiles frescos, 20 ml de brandy

125 ml de crema de leche

275 ml de Helado de Vainilla *

4 cdas. de jarabe oscuro de maíz

320 ml de Helado de Nuez *

algunas nueces, para decorar

Cortar por la mitad y deshuesar los dátiles; perfumarlos con el *brandy*.

Batir la crema hasta que esté firme. Preparar una salsa con 100 ml de Helado de Vainilla derretido y 3 cdas. de jarabe. Verter la salsa en un plato previamente enfriado y decorarla con gotas del jarabe restante formando lágrimas. Retirar porciones de los distintos helados y colocarlos en el centro del plato. Decorar con los dátiles, mitades de nuez, crema y Espirales (v. receta siguiente).

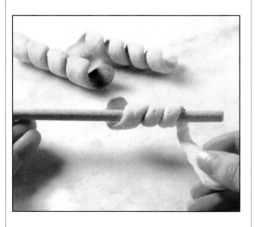

Espirales

4 huevos

200 g de azúcar

200 g de harina de trigo

½ cdita. de cáscara rallada de limón

½ vaina de vainilla

un poco de crema de leche (si fuera necesario)

lápices o palitos redondos de madera

Precalentar el horno a 180°C (382°F).

Con una batidora, mezclar todos los ingredientes hasta obtener una masa; raspar la vainilla encima. Si la masa está demasiado sólida, agregar un poco de crema de leche. Cubrir una lata con papel encerado. Colocar la masa en una manga pastelera con boquilla #6. Formar tiras de 20 cm de largo sobre la lata y hornear rápidamente. Enrollar las tiras calientes en los lápices o palitos para formar espirales. Si las tiras no se pueden enrollar, calentarlas de nuevo en el horno.

* Para preparar los helados en casa, véanse Helado de Vainilla págs. 21 (**C**) y 38 (**M**); y Helado de Nuez pág. 28 (**M**).

Postre Helado
con Hojuelas de Maíz

Para 4 porciones:

100 g de fresas frescas

1 cda. de licor de naranja

2 mandarinas

200 ml de yogur natural

500 ml de Helado de Münster (v. receta siguiente), 4 cdas. de hojuelas de maíz

Lavar y retirar el tallo de las fresas; licuarlas con el licor y colar.

Pelar las mandarinas y descartar la membrana blanca de los gajos; reservar algunos para decorar, cortar los restantes en trozos y mezclarlos con el yogur.

Retirar porciones de helado y servirlas en un plato previamente enfriado, con el yogur, gajos de mandarina, salsa de fresa, hojuelas de maíz y Barquillos (v. receta siguiente).

Barquillos

Véase la pág.60 para receta básica e ingredientes de la masa.

Precalentar el horno a 190°C (400°F).

Cortar círculos de cartón de 16 cm de diámetro para usar como moldes.

Para un barquillo, colocar 1 cucharada de masa esparcida sobre el molde colocado sobre una lata. Untar un segundo molde y hornear por 5 minutos hasta dorar el borde. Retirar con cuidado y enrollarlos rápidamente en el mango de una cuchara de madera. Si no se pueden doblar más sin partirse, calentar de nuevo en el horno.

Helado de Münster

Para aprox. 800 ml:

3 huevos separados

100 g de miel de abejas

500 ml de crema de leche

200 g de pan integral desmenuzado

40 ml de vino de manzana

Batir las yemas con la miel al baño maría caliente, hasta que estén espesas; batirlas de nuevo en frío.

Aparte, batir la crema hasta que esté firme. Batir las claras de huevo y mezclarlas con la crema. Añadir las yemas con miel y revolver con los ingredientes restantes. Colocar en un recipiente y congelar.

Frutas con Helado

Fresas con Pimienta y Helado

Para 4 porciones:

300 g de fresas, frescas o congeladas

100 g de azúcar

20 ml de brandy

2 cdas. de granos de pimienta verde

100 ml de crema de leche

azúcar avainillado al gusto

250 ml de Helado de Vainilla *

4 rollitos de mazapán

Lavar, limpiar y cortar las fresas frescas en mitades. (si son congeladas, primero descongelar). En una vasija macerar las fresas con el azúcar y el *brandy*, durante ½ hora.

Pelar los granos de pimienta, lavar con agua fría y mezclarlos con las fresas.

Batir la crema con el azúcar avainillado a velocidad alta.

En platos previamente enfriados, colocar una bola grande de Helado de Vainilla y decorar con las fresas, 1 cucharada de crema y los rollitos.

Pasabocas con Frutas y Helado

Para 4 porciones:

400 g de frutas mixtas (mandarinas, duraznos, albaricoques, uvas, frambuesas)

120 g de cereal crujiente (arroz, trigo)

200 ml de leche entera

4 bolas grandes de Helado de Vainilla* y de Chocolate *

4 cdas. de crema de leche batida

cerezas para decorar

Pelar, partir en mitades y retirar las semillas de las mandarinas, duraznos y albaricoques. Cortar las frutas en trocitos.

Colocar el cereal crujiente en platos, rociarlos con leche y distribuir alrededor las frutas. Colocar las bolas de helado en el centro y servir decorado con crema y cerezas (v. foto pág. 19).

* Para preparar los helados en casa, véanse Helado de Vainilla págs. 21 (**C**) y 38 (**M**); Helado de Chocolate págs.21 (**C**), 26 (**B**) y 28 (**M**).

Arroz de Leche
con Helado de Chocolate

Para 5 porciones:

65 g de arroz de grano redondo

½ litro de leche

1 cdita. de mantequilla

cáscara rallada de 1 limón

50 g de azúcar

2 cdas. de mermelada de naranja

250 ml de Salsa Moca (v. receta siguiente)

5 naranjas

500 ml de Helado de Chocolate *

juliana de cáscara de naranja (v. foto abajo o instrucciones en la pág. 58)

Lavar el arroz. Cocinar la leche con la mantequilla y la ralladura de limón hasta que hierva. Añadir el arroz lentamente y dejar hervir por 20 minutos a fuego medio. Incorporar el azúcar y la mermelada de naranja; dejar enfriar.

Mientras tanto, preparar la Salsa Moca.

Cortar las naranjas en gajos. Presionar porciones de arroz en una taza y desmoldar sobre platos previamente enfriados. Disponer bolas de helado y gajos de naranja alrededor del arroz y rociar con la Salsa Moca tibia. Decorar con la juliana de naranja.

Salsa Moca

2 yemas de huevo

250 ml de crema de leche

1 cdita. de fécula de maíz

2 cdas. de café instantáneo

40 g de azúcar

20 ml de crema de cacao

Mezclar las yemas con un poco de crema de leche, la fécula y el café.
Cocinar la crema restante con la leche; añadir la preparación anterior y continuar la cocción por unos minutos. Verter la crema de cacao y mezclar suavemente.

* Para preparar el Helado de Chocolate en casa, véanse págs. 21 (**C**), 26 (**B**) y 28 (**M**).

Tartaletas con Helado de Cereza

Para 4 porciones:

4 Tartaletas (v. receta siguiente)

6 cdas. de mermelada de cereza

150 ml de crema de leche

azúcar avainillado al gusto

4 bolas grandes de Helado de Cereza *

2 cdas. de almendras tostadas

4 vasos de sabayón

Untar las tartaletas con el sabayón y disponerlas sobre platos.

Batir la crema de leche con el azúcar avainillado a velocidad alta. Colocar la crema en una manga pastelera y decorar el borde de las tartaletas. Rellenar el centro con una bola de helado. Decorar con almendras tostadas, cerezas y sabayón.

* Para preparar el Helado de Cereza en casa, véase pág. 29 (**M**).

Tartaletas

Para 6 tartaletas o barquitos:

200 g de harina de trigo

100 g de trocitos de mantequilla fría

65 g de azúcar

1 pizca de sal

1 huevo

mantequilla, para engrasar los moldes

papel encerado

Precalentar el horno a 200°C (417°F).

Mezclar lentamente todos los ingredientes, formar una bola, envolver en papel aluminio y enfriar, mínimo durante 1 hora. Luego estirar la masa con rodillo y forrar los moldes engrasados, presionando ligeramente contra los lados para darles forma. Desmoldar y colocarlas sobre papel encerado; hornear por 10 minutos, hasta dorar ligeramente.

Postres con Helado de Cereal

Copa de Helado y Bayas

Para 4 porciones:
200 g de bayas a su elección (arándanos, moras, frambuesas, grosellas rojas)
250 g de requesón, 100 ml de leche entera
100 ml de crema de leche
4 cdas. de miel de abejas
250 ml de Helado de Cereal (v. receta siguiente)

Reservar unas bayas para decorar y licuar las restantes con el requesón, leche, crema y miel. Distribuir esta mezcla en 4 copas previamente enfriadas. Disponer una bola de Helado de Cereal en el centro de la copa y decorar con las bayas reservadas.

Ensalada de Frutas con Helado

Para 4 porciones:
500 g de frutas frescas (manzanas, kiwis, arándanos, bananos o frambuesas)
jugo de 1 limón
4 Waffles de Avellana (v. receta siguiente)
250 ml de Helado de Cereal (v. receta siguiente)
100 g de nueces
2 cdas. de miel de abejas

Cortar las frutas en trozos y rociar las manzanas y los bananos con jugo de limón. Distribuir los *waffles* en platos y colocar encima las frutas. Disponer una bola de helado en el centro, decorar con las nueces y rociar las frutas con gotas de miel.

Waffles de Avellana

Para 4 waffles:
75 g de mantequilla a temperatura ambiente
1 cda. de miel de abejas, 1 pizca de sal,
2 huevos, 150 g de harina de trigo
½ cdita. de polvo para hornear
1 cdita. de azúcar avainillado
3 cdas. de crema de leche
50 g de avellanas peladas
mantequilla o margarina para la wafflera

Batir la mantequilla hasta que esté cremosa, incorporar gradualmente la miel, sal y huevos. Aparte, mezclar la harina con el polvo para hornear y azúcar avainillado. Amasar esta preparación con la crema, avellanas y la mezcla de huevos. Dejar leudar por 15 minutos. Engrasar y calentar la *wafflera*. Preparar un *waffle* a la vez y dejar enfriar.

Helado de Cereal (Muesli)

Para aprox. 600 ml:
Ingredientes para 500 ml de Helado de Requesón (v. pág. 30 -**M**-), 125 g de mezcla de cereales sin azúcar (muesli)

Preparar el helado de requesón siguiendo las indicaciones de la receta. Revolver el helado con la mezcla de cereales y congelar en la máquina.

Repollitas con Helado

Para 4 porciones:

8 Repollitas (v. receta siguiente)

250 ml de crema de leche

16 cdas. de guindas o cerezas

400 ml de Helado de Nuez *

8 cdas. de Salsa de Chocolate (v. receta siguiente)

Cortar la tapa superior de las repollitas. Batir la crema hasta que esté firme y colocarla en una manga pastelera.

Rellenar la parte inferior de las repollitas con la crema y cubrir con las guindas o cerezas; reservar 8 guindas para decorar. Rociar con un poco de crema de leche y colocar una bola de helado encima. Decorar el helado con una roseta de crema y una guinda. Rociar con 1 cucharada de salsa caliente de chocolate.

Repollitas

150 g de harina de trigo cernida

250 ml de agua

100 g de mantequilla

4 huevos

1 pizca de sal

manga pastelera

papel encerado

Precalentar el horno a 220°C (338°F). En una olla, hervir el agua con la mantequilla y luego incorporar toda la harina. Retirar del fuego y batir hasta que esté suave. Colocar de nuevo al fuego, revolviendo constantemente hasta que la masa se despegue del recipiente; formar una bola. Dejar enfriar ligeramente y agregar los huevos de a uno a la vez, y la sal, sin dejar de revolver. Una vez incorporados los huevos, la masa debe tener una consistencia muy suave. Por último, dejar enfriar.

Colocar la masa en una manga pastelera y formar rosetas grandes sobre una lata forrada con papel encerado. Dorar en el horno precalentado.

Salsa de Chocolate

100 g de chocolate en tableta

125 ml de crema de leche

3 cdas. de miel de abejas

azúcar avainillado al gusto

Triturar las tabletas de chocolate. Calentar la crema con la miel y el azúcar avainillado. Derretir el chocolate en la crema caliente.

* Para preparar el Helado de Nuez en casa, véase pág. 28 (**M**).

Bananos Flameados con Helado de Avellana

Para 6 porciones:

300 ml de Helado de Avellana (v. receta siguiente)

500 g de bananos

70 g de mantequilla

50 g de azúcar granulado

jugo de 2 naranjas

jugo de 1 limón

cáscara rallada de 1 naranja

40 ml de licor de naranja

100 ml de ron

Juliana de Cáscara de Naranja (v. receta siguiente)

Colocar bolas de Helado de Avellana sobre un plato y congelar hasta el momento de servir. Pelar y cortar los bananos a lo largo. En una sartén con un poco de mantequilla, freír ambos lados de los bananos a fuego alto; retirar.

Esparcir el azúcar sobre la mantequilla de la sartén y dejar que se disuelva revolviendo constantemente; añadir los jugos de naranja y limón y la ralladura de naranja. Cocinar la salsa por unos minutos y luego incorporar los bananos; calentar. Verter el ron y el licor sobre las frutas y flamear.

Servir los bananos con el Helado de Avellana y decorar con la Juliana de Naranja.

Juliana de Cáscara de Naranja

Si no tiene el rallador especial para juliana (v. pág. 50), corte la cáscara de una naranja bien lavada en tiras de 2 cm de grosor y quite la membrana blanca interior. Con la parte brillante hacia arriba, corte cuidadosamente en tiras finas. Esto evita que se sequen con rápidez. Antes de utilizarlas para decorar cocínelas rápidamente en almíbar (v. Helado de Limón pág. 29 -**M**-).

Helado de Avellana

Para aprox. 750 ml:

100 g de avellanas peladas

500 ml de Helado de Crema Básico

(v. pág. 27 -**M**-)

Hornear las avellanas sobre una lata, hasta que la cáscara se desprenda. Colocarlas sobre una tela de cocina y frotar. Picarlas finamente.

Preparar el helado básico siguiendo las indicaciones de la receta y mezclar con las avellanas frías; congelar.

Copa de Helado de Frambuesa

Para 1 porción:

4 cdas. de frambuesas frescas

2 bolas de Helado de Chocolate Blanco *

1 bola de c/u: Helado de Nuez * y de Frambuesa *, 2 cdas. de crema de leche batida

Hojas de Masa (v. receta siguiente)

chocolate rallado

hojas de hierbabuena, para decorar

Colocar las frambuesas y el helado en una copa previamente enfriada. Con una manga pastelera decorar encima con la crema batida, 1 Hoja de Masa, un poco de chocolate rallado y 2 hojitas de hierbabuena.

* Para preparar los helados en casa, véanse Helado de Chocolate Blanco pág. 76 (**M**); Helado de Nuez pág. 28 (**M**); Helado de Frambuesa págs. 21 (**C**) y 25 (**B**), utilizando fresas en lugar de frambuesas.

Hojas de Masa

grasa y harina para la lata

60 g de mantequilla a temperatura ambiente

60 g de azúcar pulverizado

pulpa de ½ vaina de vainilla

2 cditas. de cáscara rallada de limón

2 huevos a temperatura ambiente

45 g de harina de trigo

Engrasar y enharinar una lata y reservar en un sitio fresco.

Precalentar el horno a 190° C (400° F).

Para sacar el molde o patrón dibujar la silueta de una hoja sobre un cuadrado de cartón, recortar y retirar la figura. Reservar el molde y la figura.

En un recipiente, amasar la mantequilla con el azúcar, la pulpa de vainilla y la ralladura de limón. Añadir los huevos y la harina, sin dejar de amasar y alternando estos ingredientes.

Para una hoja de masa colocar el molde sobre la lata fría, verter 1 cucharada de masa y presionar con la figura de cartón que se retiró; emparejar con una espátula. Retirar los moldes hacia arriba.

Llenar la lata con hojas y hornear por 5 minutos hasta dorar ligeramente el borde. Por último, despegar, las hojas de la lata con cuidado.

Omelette con Helado de Kiwi y Frutas

Para 4 porciones:

500 g de frutas peladas (kiwi, mango, pitahaya y papaya)

2 cdas. de azúcar pulverizado

40 ml de ron

4 Omelettes de Bizcocho (v. receta siguiente)

125 ml de crema de leche

8 bolas de Helado de Kiwi *

Cortar las frutas y macerarlas en azúcar pulverizado y ron por ½ hora. Preparar las *omelettes* siguiendo las indicaciones de la receta.

Batir la crema a velocidad alta. Distribuir el helado en platos previamente enfriados y decorar con las *omelettes* dobladas, las frutas y la crema batida.

* Para preparar el Helado de Kiwi en casa, véanse págs. 21 (**C**) y 25 (**B**), usando 400 g de Kiwis en lugar de Fresas.

Omelettes de Bizcocho

4 huevos (250 g)

125 g de azúcar

½ cdita. de cáscara rallada de limón

100 g de harina de trigo

40 g de fécula de maíz

Precalentar el horno a 200° C (392° F). Forrar una lata con papel encerado; dibujar círculos de 15 cm de diámetro sobre el papel. Batir los huevos con el azúcar y ralladura de limón, al baño maría sobre fuego alto. Cernir la harina y la fécula sobre los huevos y mezclar con cuidado. Verter porciones de masa sobre los círculos dibujados; emparejar la superficie y hornear por 10 –12 minutos.

Para que las *omelettes* no se dañen al retirarlas, voltear la lata con su contenido sobre una tela de cocina con azúcar y retirar el papel. Doblar las *omelettes* ayudándose con la tela.

Buñuelos de Manzana con Helado

Para 6 porciones:

3 manzanas grandes cocidas

2 cdas. de azúcar

azúcar avainillado al gusto

6 bolas de c/u: Helado de Vainilla * y de Crocante *

150 ml de jalea de fresas

hierbabuena, para decorar

6 fresas, para decorar

Para los buñuelos:

125 g de harina de trigo

60 ml de leche

60 ml de crema de leche

2 yemas de huevo

1 pizca de sal

2 cdas. de aceite de oliva

2 claras de huevo

100 g de grasa vegetal para freír

4 cdas. de azúcar mezclado con canela

Pelar y retirar el corazón de las manzanas. Cortarlas en rodajas de 1 cm de grosor, espolvorear con ambos azúcares y dejar reposar por unos minutos.

Para preparar los buñuelos, cernir la harina en una vasija y con una batidora mezclar con la leche, crema, yemas y sal; por último, verter el aceite y dejar reposar la pasta por 20 minutos.

Batir las claras a punto de nieve e incorporar a la pasta con movimientos envolventes. Calentar la grasa en una sartén. Con un tenedor sumergir las rodajas de manzana en la pasta, y freírlas en la grasa hasta dorar por ambos lados. Escurrirlas sobre un colador o papel, espolvorear con el azúcar mezclado con canela y dejar enfriar.

Disponer 1 o 2 buñuelos sobre cada plato previamente enfriado. Colocar en de cada uno 1 bola de Helado de Vainilla y de Crocante y 1 o 2 cucharadas de jalea de fresa.

Decorar con hierbabuena y fresas.

* Para preparar los helados en casa, véanse Helado de Vainilla págs. 21 (C) y 38 (M); Helado de Crocante según la receta del de chocolate págs. 21 (C), 26 (B) y 28 (M), usando chocolate de leche y crocante de avellana partido en mitades en lugar de chocolate en tableta.

Crêpes de Helado de Ron

125 ml de crema de leche

6 Crêpes (v. receta siguiente)

12 cdas. de frutas deshidratadas maceradas en ron

6 bolas de c/u: Helado de Almendra * y de Ron (v. receta siguiente)

12 cdas. de Salsa de Chocolate (v. pág. 56)

6 cdas. de hojuelas tostadas de almendra

1 cda. de azúcar pulverizado

Batir la crema a velocidad alta. Colocar una *crêpe* en cada plato, rellenar con las frutas maceradas en ron y el Helado de Almendra; decorar con la crema. En cada plato colocar 1 bola de Helado de Ron y rociar con Salsa de Chocolate. Decorar con las hojuelas de almendra y una pizca de azúcar pulverizado.

Crêpes

Para 6 crêpes:

20 g de mantequilla

65 g de harina de trigo

20 g de azúcar pulverizado

azúcar avainillado al gusto

1 yema de huevo

60 ml de leche entera

2 cdas. de leche condensada

1 cdita. de ron

30 g de mantequilla, para freír

Derretir los 20 g de mantequilla. En un recipiente, mezclar los ingredientes restantes de la masa y agregar la mantequilla derretida (la masa debe quedar delgada, si no lo está agregar un poco de crema de leche). Dejar reposar por ½ hora.

Calentar un poco de la mantequilla restante en una sartén, verter cucharadas de masa y deslizar hasta cubrir el fondo. Dorar las *crêpes* por ambos lados. En otra sartén colocar las *crêpes* listas y reservar calientes hasta el momento de servir.

* Para preparar el Helado de Almendra en casa, véase pág. 42 (**M**).

Helado de Ron

Para aprox. 750 ml:

Ingredientes para 500 ml de Helado de Crema Básico (véase pág. 27 -**M**-)

aprox. 100 g de frutas deshidratadas maceradas en ron

Preparar el Helado de Crema Básico siguiendo las indicaciones de la receta; enfriar al baño maría. Cortar las frutas maceradas en ron en trocitos y mezclar con el helado. Congelar en la máquina.

Manzanas Asadas con Helado

Para 4 porciones:

4 manzanas medianas

4 cditas. de jugo de limón

60 g de almendras cortadas en tiritas

mantequilla para engrasar

Para el relleno:

125 g de azúcar

½ taza de c/u: agua, uvas pasas y

almendras picadas

20 ml de Calvados

½ cdita. de canela

4 bolas grandes de Helado de Vainilla *

Salsa Caramelo (v. receta siguiente)

Precalentar el horno a 200°C (417°F). Lavar, secar y retirar el corazón de las manzanas. Ahuecar el centro y de inmediato rociar con jugo de limón el interior de la manzana y la pulpa extraída. Reservar la pulpa. Pinchar las manzanas con un palillo y clavetear con las tiritas de almendra. Ubicarlas en un recipiente engrasado.

Cocinar la pulpa reservada con azúcar y agua. Mezclar con las uvas pasas, almendras picadas, Calvados y canela. Rellenar el centro de las manzanas con esta mezcla y hornear por 30 minutos.

Disponer las manzanas asadas sobre platos de postre, cubrir con el helado y servir con Salsa Caramelo.

Salsa Caramelo

350 g de azúcar granulado

150 g de azúcar pulverizado

500 ml de crema de leche

Colocar el azúcar en un recipiente a fuego alto y revolver con cuchara de madera hasta que se derrita y dore. Retirar del fuego y dejar enfriar un poco.

Calentar la crema hasta la misma temperatura del azúcar y revolver ambas.

* Para preparar el Helado de Vainilla en casa, véanse págs. 21 (C) y 38 (M).

Naranja con Helado

Para 4 porciones:

5 naranjas grandes

20 ml de Cointreau

8 bolas de Helado de Naranja * o de Yogur de Naranja *

Recortar la parte superior de 4 naranjas y reservar las "tapas". Con un cuchillo afilado y una cuchara, retirar la mitad de la pulpa y rociar el interior con *Cointreau*.

Pelar la naranja restante y cortarla en cascos. Colocar las naranjas ahuecadas sobre platos, rellenarlas con bolas de helado, cubrir con la "tapa" reservada y decorar con los cascos de naranja.

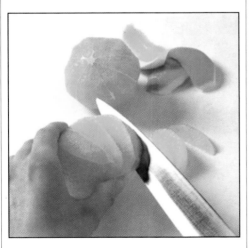

* Si desea preparar los helados en casa: para el Helado de Naranja puede variar la receta del Helado de Crema de Melocotón de la pág. 24 (**C**), remplazando los melocotones por 250 g de naranjas peladas y utilizando *Cointreau* como licor. También puede variar la receta del Helado de Limón de la pág. 29 (**M**), remplazando la cáscara de limón por la de 2 naranjas y mezclando el jugo de limón con 150 ml de jugo de naranja.

Para el Helado de Yogur de Naranja puede variar la receta del Helado de Yogur de Piña de la pág. 29 (**M**). El jugo de limón es innecesario en este caso.

Para un efecto agradable y decorativo, combinar Helado de Yogur de Naranja y de Limón, como se muestra en la foto, mezclándolos en forma de remolino en la máquina.

Copa Exótica de Helado

Para 4 porciones:

2 mangos	
4 cditas. de azúcar pulverizado	
4 kiwis	
4 bolas de Helado de Mango *	
8 bolas de Helado de Naranja *	
4 bolas de Helado de Chocolate *	
1-2 carambolas o grosellas	
algunas cerezas	
Merenguitos de Coco (v. receta siguiente)	

Pelar y cortar los mangos en cubos; espolvorearlos con azúcar pulverizado. Pelar y cortar los kiwis en rodajas. En copas previamente enfriadas disponer las frutas preparadas y las bolas de helado. Decorar con rodajas de carambolas y cerezas. Acompañar con Merenguitos de Coco.

Merenguitos de Coco

125 g de clara de huevo	
200 g de azúcar	
190 g de coco rallado	
azúcar avainillado al gusto	
1/4 cdita. de canela	

Precalentar el horno a 170° C (363° F). Batir las claras de huevo al baño maría caliente y agregar la mitad del azúcar sin dejar de batir, hasta que se disuelva. Mezclar las claras tibias con los ingredientes restantes. Calentar una lata en el horno y luego forrarla con papel encerado. Colocar la preparación en una manga pastelera y formar merenguitos sobre el papel. Hornear aproximadamente por 10 minutos.

* Para preparar los helados en casa, véanse Helado de Mango pág. 32 (M); Helado de Naranja pág. 70 (M); Helado de Chocolate págs. 21 (C), 26 (B) y 28 (M).

Savarin con Macedonia de Frutas y Helado

Para 1 savarin:

1 mango, 2 kiwis , 2 pitahayas

1 tamarillo (tomate de árbol morado)

1 Savarin (v. receta siguiente)

100 ml de c/u: Helado de Limón * y de Naranja*

hojas de hierbabuena, para decorar

Pelar las frutas; cortar el mango en cubitos, y los kiwis, tamarillo y pitahayas en rodajas. Rellenar el *savarin* con los helados y las frutas (el *savarin* es una masa con levadura; los moldes en que se preparan reciben el mismo nombre). Decorar con hojas de hierbabuena.

Savarin

Para un savarin de aprox. 16 cm de diámetro:

170 g de harina de trigo

10 g de levadura fresca prensada

10 ml de leche tibia

75 g de mantequilla

20 g de azúcar

1 pizca de sal

1 cdita. de cáscara rallada de limón

2 huevos

mantequilla y harina, para el molde

Para el jarabe:

2 maracuyás

125 ml de jugo de naranja recién exprimido

180 g de azúcar granulado

125 ml de agua

60 g de mermelada de albaricoque, para untar

En un recipiente, cernir la harina y abrir un hueco en el centro. Colocar allí la levadura desmenuzada y disolverla con la leche. Espolvorear encima un poco de harina, cubrir con una tela y dejar leudar en un lugar tibio por 20 minutos.

Precalentar el horno a 210 °C (435°F).

Derretir la mantequilla, mezclarla con la sal, azúcar y huevos; amasar y dejar reposar por 20 minutos.

Engrasar y enharinar el molde *savarin*; verter la masa hasta la mitad. Cubrir el molde y dejar leudar por 15 minutos hasta que duplique su volumen. Hornear en la rejilla del medio por 25–30 minutos.

Mientras tanto, preparar el jarabe: cortar los maracuyás en mitades y con una cuchara retirar la pulpa. Cocinar el jugo de naranja con el azúcar, pulpa de maracuyá y agua, retirar la espuma (opcional); cocinar a fuego bajo por 3 minutos y colar.

Sobre una bandeja panda, untar el *savarin* con la mermelada y rociar con el jarabe hasta impregnarlo bien.

* Para preparar los helados en casa, véanse Helado de Limón pág. 29 (**M**) y Helado de Naranja pág. 70 (**M**).

Plato de Helado para Niños

Para 4 porciones:

aprox. 600 g de frutas a su elección, mezcladas (piña, naranja, agraz y melocotón)

4 bolitas de c/u: Helado de Fresa*, de Limón*, de Turrón* y de Chocolate Blanco (v. receta siguiente

galletas crocantes dulces, trituradas

chocolate blanco rallado

Barquillos (v. pág. 46)

Cortar las frutas en trocitos y disponerlas sobre platos. Colocar encima las bolitas de helado y salpicar con las galletas trituradas y chocolate rallado. Decorar con Barquillos.

* Para preparar los helados en casa véanse: Helado de Fresa págs. 21 (**C**) y 25 (**B**); Helado de Limón pág. 29 (**M**); para el Helado de Turrón véase el Helado de Chocolate de las págs. 21 (**M**), 26 (**B**) y 28 (**M**) remplazando el chocolate en tableta por chocolate de leche y turrón de avellana, en mitades de porción.

Helado de Chocolate Blanco

Para aprox 750 ml:

100 g de chocolate blanco

500 ml de Helado de Crema Básico (v. receta pág. 27 -**M**-. Utilizar sólo 50 g de azúcar)

Rallar finamente el chocolate. Preparar el Helado de Crema Básico siguiendo las indicaciones de la receta; cuando esté tibio incorporar el chocolate rallado y dejar derretir. Congelar en la máquina.

Espaguetis de Helado
Paletas

Para 4 porciones de Espaguetis de Helado:	Para 6 Paletas:
600 ml de Helado de Vainilla*	500 ml de c/u: Helado de Frambuesa * y
250 g de fresas	de Mora *
azúcar avainillado al gusto	1 paquete pequeño de gomitas dulces
1 tableta de chocolate blanco	moldes planos para las paletas
1 prensapuré	bajalenguas de madera

Dejar derretir un poco el Helado de Vainilla en la nevera. Lavar y retirar el tallo de las fresas, espolvorear con azúcar avainillado, licuar y colar.

Pasar el helado por el prensapuré y dejarlo caer sobre un plato previamente enfriado (si el helado está muy blando congelarlo hasta el momento de servir).

Rallar el chocolate blanco. Servir los espaguetis de helado cubiertos con salsa de fresa y salpicados con ralladura de chocolate.

Mezclar cada helado con las gomitas y pasarlo a los moldes. Introducir un bajalengua en cada centro y congelar con el palo hacia arriba. Para desmoldar las paletas, envolver los moldes con una tela caliente y retirarlas con cuidado.

* Para preparar los helados en casa, véanse Helado de Vainilla págs. 21 (C) y 38 (M); para los Helados de Frambuesa y de Mora, véase receta de Helado de Cerezas Ácidas pág. 29 (M), para el Helado de Frambuesa remplazar las cerezas ácidas y el jugo por 600 g de cerezas y 30 ml de jarabe de frambuesa; para el Helado de Mora remplazar con 600 g de moras y 125 ml de jugo de mora.

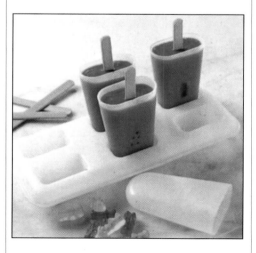

Leches Malteadas

Malteada de Fresa

Para 4 porciones:

150 g de fresas

375 ml de leche entera

2 cdas. de azúcar avainillado

250 ml de Helado de Fresa *

mezcladores decorativos para coctel (con
 punta)

Lavar las fresas y clavar 8 en un mezclador; quitarles el tallo a las demás y licuarlas con los ingredientes restantes, hasta obtener un puré. Verter en copas previamente enfriadas e introducir el mezclador con las fresas.

Malteada de Piña

Para 6 porciones:

1 piña

6 cerezas para coctel

800 ml de leche

3 cdas. de miel de abejas

500 ml de Helado de Yogur de Piña*

mezcladores decorativos para coctel

Cortar 6 casquitos de piña y en cada uno pinchar una cereza utilizando un mezclador; reservar. Pelar el resto de la fruta y cortar la pulpa en trozos; licuar con la leche, miel y el Helado de Yogur de Piña, hasta obtener un puré. Verter en copas previamente enfriadas y decorar con los cascos de piña reservados.

Malteada de Melocotón y Miel

Para 6 porciones:

350 g de melocotón

1 litro de leche

175 g de miel de abejas líquida

½ cdita. de esencia de almendra

500 ml de Helado de Vainilla *

Cortar algunos melocotones en mitades y luego en cascos; reservar. Pelar los melocotones restantes, cortarlos en trozos y licuar con la leche, miel, esencia de almendra y la mitad del helado, hasta obtener un puré. Verter en copas previamente enfriadas. Formar bolas con el resto de helado, colocarlas sobre la malteada y decorar con los cascos de melocotón reservados.

* Para preparar los helados en casa, véanse: Helado de Crema de Fresa págs. 21 (**C**) y 25 (**B**); Helado de Yogur de Piña pág. 29 (**M**); Helado de Vainilla págs. 21 (**C**) y 38 (**M**).

Chocolate, Café y Té
de Frutas con Helado

Helado de Chocolate al Estilo Suizo

Para 4 porciones:

40 ml de crema de leche

azúcar avainillado al gusto

400 ml de chocolate preparado, frío

8 bolas de Helado de Chocolate*

chocolate rallado

Batir la crema con azúcar avainillado al gusto, a velocidad alta. Endulzar la bebida con el azúcar avainillado restante.

En las copas previamente enfriadas, disponer 2 bolas de Helado de Chocolate y agregar el chocolate preparado. Decorar con la crema y ralladura de chocolate.

Helado de Café al Estilo Francés

Para 4 porciones:

40 ml de crema de leche

8 bolas de Helado de Vainilla*

400 ml de café preparado fuerte, frío

4 copitas de Cointreau

2 cditas. de mermelada de naranja

Juliana de Cáscara de Naranja (véase foto pág. 50; instrucciones en pág. 58)

Batir la crema a velocidad alta. En cada copa previamente enfriada colocar 1 bola de helado, llenar con el café y agregar 1 copita de *Cointreau*. Cubrir con la segunda bola de helado y decorar con la crema, un poco de mermelada y la Juliana de Naranja.

Té de Frutas con Helado

Para 6 porciones:

6 piñas pequeñas

3 cdas. de azúcar avainillado

500 ml de Helado de Limón *

½ litro de té de frutas helado

3 cdas. de c/u: frambuesas y moras

hojas de hierbabuena, para decorar

Cortar la "tapa" superior de las piñas y reservar. Con cuidado, retirar la pulpa y cortarla en trozos. Espolvorear el interior ahuecado con azúcar avainillado. Retirar porciones de Helado de Limón y rellenar las piñas con 2/3 partes de helado, los trozos de pulpa, y un poco de té de frutas. Decorar con la bola de helado restante, frambuesas, moras y hierbabuena.

Si no consigue piñas pequeñas para preparar cada porción puede utilizar la pulpa de piñas grandes, y servir en copas.

* Para preparar los helados en casa, véanse: Helado de Chocolate págs. 21 (**C**), 26 (**B**) y 28 (**M**); Helado de Vainilla págs. 21 (**C**) y 38 (**M**); Helado de Limón pág. 29 (**M**).

Barquitos con Helado de Mango y Papaya

Para el puré de papaya:

1-2 papayas (aprox. 400 g)

125 ml de vino blanco

40 g de azúcar

2 cditas. de fécula de maíz

2 cdas. de jugo de naranja

Para el merengue:

3 claras de huevo

100 g de azúcar

4 Barquitos de aprox. 10 cm de largo (v. receta pág. 52)

4 bolas de Helado de Mango*

Pelar y retirar las semillas de la papaya. Con una cuchara parisienne retirar algunas bolitas de pulpa. Cortar la papaya restante en trozos.

Hervir el azúcar con el vino blanco. Disolver la fécula en el jugo de naranja y mezclar con el vino. Continuar la cocción sin dejar de revolver. Incorporar los trozos de papaya y dejar enfriar.

Batir las claras a velocidad alta hasta obtener un merengue; espolvorear con el azúcar. Colocar en una manga pastelera y reservar.

Rellenar los barquitos con la papaya cocida, colocar encima 1 bola de helado y decorar con el merengue. Dorar ligeramente en el horno y decorar con las bolitas de papaya reservadas.

* Para preparar el Helado de Mango en casa, véase pág. 32 (**M**).

Bomba Helada de Saúco

Para 8 porciones:

molde para bomba de1 litro de capacidad

4 yemas de huevo

100 g de azúcar

125 ml de jugo de saúco

2 cdas. de jugo de limón

250 ml de yogur natural

200 ml de crema de leche

Para decorar:

125 ml de crema de leche

rosas y violetas confitadas

Colocar el molde en el congelador. Batir las yemas con el azúcar al baño maría caliente hasta que estén cremosas y dejar enfriar al baño maría frío; reservar.

Mezclar el saúco con el jugo de limón y el yogur; reservar. Batir la crema a velocidad alta y mezclar con las preparaciones reservadas de yemas batidas y de saúco. Congelar en la máquina.

Rellenar el molde con el helado, presionando varias veces la superficie para evitar la formación de burbujas (debe quedar bien compacto). Cubrir el molde y volver a congelar.

Antes de desmoldar, envolver el molde con papel periódico y dejar en la nevera por 30 minutos. Batir los 125 ml de crema para decorar. Desmoldar la bomba helada sobre un plato previamente enfriado, presionando el molde. Decorar con la crema batida y flores confitadas.

Postre Festivo
con Helado de Toronja

Para 8 porciones:

6 toronjas

6 yemas de huevo

200 g de azúcar

400 ml de crema de leche

hierbabuena, para decorar

Cortar 4 toronjas en mitades y decorar los bordes de las cáscaras. Retirar la pulpa y cortar aproximadamente 200 g en trozos. Refrigerar las mitades de toronja hasta el momento de usarlas. Batir las yemas con el azúcar al baño maría caliente, hasta que estén cremosas; colocar al baño maría frío. Batir la crema, con el jugo de una de las toronjas restantes y los trozos de pulpa, hasta que esté firme. Mezclar con las yemas y congelar en la máquina.

Separar la última toronja en gajos, sin membrana blanca. Colocar el helado en una manga pastelera con boquilla grande en forma de estrella. Rellenar las mitades de toronja refrigeradas con el helado y decorar con hierbabuena y los gajos de toronja.

Racimo de Uvas Helado con Hojas de Chocolate

Para 4-6 porciones:

Hojas de Chocolate (v. receta pág. 36); elaboradas con hojas de vid

1 litro de Helado de Canela (v. receta siguiente)

Preparar las Hojas de Chocolate siguiendo las indicaciones de la receta. Sacar bolitas del Helado de Canela y refrigerarlas hasta el momento de usar.

En un plato grande, formar un racimo de uvas con las bolitas de helado y rodearlas con las Hojas de Chocolate.

Helado de Canela

Para aprox. 1 litro:

8 huevos

200 g de azúcar

2 cditas. rasas de canela en polvo

600 ml de crema de leche

20 ml de brandy

Batir los huevos con el azúcar y canela al baño maría caliente, hasta que estén cremosos; colocar al baño maría frío.

Batir la crema con el *brandy* hasta que esté firme, y mezclarla con los huevos batidos. Congelar en la máquina.

Sorpresa de Frambuesa

Para 4 porciones:

4 claras de huevo

175 g de azúcar

1 cdita. de azúcar pulverizado

5 cdas. de frambuesas

10 ml de alcohol blanco de frambuesa

4 bolas de Helado de Frambuesa*

Precalentar el horno a 220° C (453° F). Batir las claras a punto de nieve, espolvoreándolas lentamente con el azúcar y colocar en una manga pastelera con boquilla circular. Sobre 4 platos formar círculos de 8 cm de diámetro con copitos de clara batida. Espolvorear con el azúcar pulverizado y dorar ligeramente en el horno.

Distribuir las frambuesas en el centro de los círculos. Rociar con el alcohol blanco de frambuesa y colocar sobre cada uno una bola grande de Helado de Frambuesa.

* Para preparar el Helado de Frambuesa en casa utilice la receta del Helado de Crema de Fresa de la pág. 21 (**C**), remplazando las fresas por frambuesas; o varíe el Helado de Cerezas Ácidas de la pág. 29 (**M**), sustituyendo las cerezas con 600 g de frambuesas y 30 ml de jarabe de frambuesas.

Charlotte de Helado

Para 8 porciones:

molde para charlotte de 2 litros

8 yemas de huevo

100 g de azúcar

6 claras de huevo

1 pizca de sal

120 g de harina de trigo

180 g de mermelada de fresa

20 ml de brandy

750 ml de c/u: Helado de Vainilla* y de Fresa*

125 ml de crema de leche

1 cda. de pistachos molidos

Salsa de Chocolate (v. receta pág. 56)

Precalentar el horno a 200°C (417°F). Batir las yemas con el azúcar hasta que estén cremosas. Batir las claras con la sal hasta que estén firmes y mezclar con las yemas. Cernir la harina sobre el batido de huevos y mezclar con cuidado. Repartir esta masa de bizcocho sobre 2 moldes cuadrados de 22 cm cubiertos con papel encerado. Dorar en el horno por 10 –15 minutos. Desmoldar los bizcochos con el papel, sobre una tela húmeda. Dejar por unos minutos, voltear y descartar el papel. Reservar un bizcocho.

Revolver la mermelada con el *brandy* y untar un solo lado del segundo bizcocho. Enrollar el bizcocho caliente con ayuda de la tela y envolver en papel aluminio; dejar enfriar. Cortar el rollo en tajadas y forrar el molde con ellas.

Con batidora, mezclar cada clase de helado por separado hasta que estén cremosos. Rellenar el molde para *charlotte* con una capa de 1 cm de Helado de Vainilla; refrigerar. Luego completar el molde con Helado de Fresa y cubrir con el bizcocho reservado. Refrigerar la bomba helada durante toda la noche.

Para desmoldar, colocar el molde en agua caliente e invertirlo sobre un plato previamente enfriado. Decorar con crema batida y salpicar con pistachos molidos.

Servir con Salsa de Chocolate caliente.

* Para preparar los helados en casa, véanse Helado de Vainilla págs. 21 (**C**) y 38 (**M**); Helado de Fresa págs. 21 (**C**) y 25 (**B**).

Charlotte de Chocolate

Para 6 – 8 porciones:

moldes para charlotte de1 litro
100 ml de Helado de Vainilla*
1 litro de Helado de Chocolate*
125 ml de crema de leche
azúcar avainillado al gusto
aprox. 20 Deditos de Bizcocho (v. receta siguiente)
3 cdas. de cobertura de chocolate

Colocar el molde en el congelador. Dejar derretir un poco de las dos clases de helado. Pasar el de chocolate a la máquina para hacer helados, poner a funcionar el aparato y agregar el de vainilla. Luego de algunas vueltas el helado quedará con vetas.

Rellenar el molde frío con el helado y golpearlo para que quede compacto, sin burbujas de aire. Tapar el molde y congelar. Antes de servir, batir la crema de leche con el azúcar avainillado.

Para desmoldar, colocar el molde en agua caliente e invertirlo sobre una bandeja previamente enfriada. Untar el costado del helado con un poco de crema batida y pegar los deditos. Pasar la crema batida restante a una manga pastelera y decorar la superficie. Cambiar de boquilla, colocar la cubierta y formar puntitos sobre las rositas de crema.

Deditos de Bizcocho

6 yemas de huevo
100 g de azúcar
azúcar avainillado al gusto
120 g de fécula de maíz
130 g de harina de trigo
azúcar pulverizado
tiras de papel encerado de 10 cm de largo

Precalentar el horno a 180°C (381°F). Batir las yemas con la mitad del azúcar, hasta que estén cremosas. Batir las claras a punto de nieve, espolvoreándolas con el azúcar restante y el azúcar avainillado. Cernir la fécula sobre el batido de claras y mezclar con cuidado. Incorporar las yemas, cernir encima la harina y revolver.

Cubrir una lata con las tiras de papel. Pasar la preparación a una manga pastelera y formar deditos sobre las tiras de papel. Espolvorear con azúcar pulverizado y hornear por 8 – 10 minutos. Una vez horneadas, pasar las tiras de papel a una mesa, con cuidado para que los deditos se desprendan sin quebrarse.

* Para preparar los helados en casa, véanse Helado de Vainilla págs. 21 (C) y 38 (M); Helado de Chocolate págs. 21 (C), 26 (B) y 28 (M).

Granizado de Vino y Melón
Granizado de Ruibarbo

Para 4 porciones de Granizado de Vino y Melón:

2 melones pequeños (Cantaloupe)

60 g de azúcar

100 ml de agua

2 cdas. de jugo de limón

250 ml de vino espumoso frío

4 cdas. de brandy

Cortar los melones en mitades y descartar las semillas. Retirar la pulpa con una cuchara y licuar. Refrigerar las cáscaras vacías hasta el momento de usarlas.

Hervir el azúcar con el agua hasta obtener un almíbar; enfriar.

Revolver el almíbar con el puré de melón, jugo de limón y vino espumoso. Refrigerar en un recipiente pando despegando con frecuencia la escarcha de los lados.

Antes de servir, revolver suavemente el granizado con un tenedor. Impregnar las cáscaras de melón con *brandy* y rellenarlas con el granizado.

Para 4 - 6 porciones de Granizado de Ruibarbo:

250 g de azúcar

250 ml de agua

750 g de ruibarbo

2-3 cdas. de jugo de limón

Hervir el azúcar con el agua por 5 minutos. Pelar y cortar el ruibarbo en trozos de 2 cm de largo. Cocinarlos ligeramente en el almíbar con jugo de limón. Licuar, colar y reservar frío.

Refrigerar el líquido en un recipiente pando. Retirar la escarcha de los lados con una cuchara, hasta obtener una mezcla de granulado uniforme.

Servir en copas.

Sorbetes de Limón y de Bayas

Sorbete de Limón

Para 6 porciones:

6 limones

180 g de azúcar

500 ml de agua

2 claras de huevo

45 g de azúcar

gajos de limón, para decorar.

Rallar finamente la cáscara de 2 limones; exprimir los restantes y colar el jugo.
Hervir el azúcar con el agua por 5 minutos, retirar la espuma. Añadir la cáscara rallada y el jugo de limón, volver a calentar, colar y dejar enfriar. Congelar el líquido en la máquina para hacer helados.
Batir las claras con el resto del azúcar, a punto de nieve; verter en la máquina. Servir en copas y decorar con los gajos de limón.

Sorbete de Mora

Para 4 – 6 porciones:

500 g de mora

150 g de azúcar pulverizado

50 ml de crema de leche

50 ml de vermut rojo

sabayón

Reservar algunas moras para decorar; licuar las restantes con el azúcar pulverizado. Con la licuadora funcionando, añadir la crema y el vermut, congelar en la máquina para hacer helados.
Servir porciones de sorbete en copas, decorar con las moras y el sabayón.

Sorbete de Grosella

Para 4 - 6 porciones:

500 g de grosellas

150 g de azúcar pulverizada

500 ml de jugo de naranja

30 ml de licor de Casis

3 cdas. de crema de leche

Reservar algunos racimos de grosellas para decorar; mezclar las bayas restantes con el azúcar pulverizado, el jugo de naranja, el licor y la crema, hasta obtener una crema suave y homogénea. Congelar en la máquina para hacer helados.
Servir en copas y decorar con las grosellas reservadas.

Sorbete de Pétalos de Rosa

Sorbete de Hierbas

Para 6 porciones de Sorbete de Pétalos de Rosa:

250 ml de almíbar (v. receta de Helado de Limón pág. 29)

3 cdas. de agua de rosas

200 ml de agua

jugo de 1 limón y 1 naranja

200 ml de vino blanco seco

2 claras de huevo

4 cdas. de licor de naranja (Cointreau)

pétalos de rosa, para decorar

Mezclar el almíbar con el agua de rosas, agua, jugos de naranja y limón, y vino blanco. Congelar en la máquina para hacer helados hasta que esté cremoso.

Batir las claras hasta que estén firmes y mezclar con la crema. Aromatizar el sorbete con el licor de naranja y decorar con los pétalos de rosa.

Para 4 porciones de Sorbete de Hierbas:

2 cdas. de toronjil y menta finamente picados

125 ml de c/u: vino Tokay y agua

jugo de 1 limón

1 clara de huevo

30 g de azúcar granulado

hierbas, para decorar

Licuar todos los ingredientes, excepto las hierbas para decorar. Congelar en la máquina para hacer helados. Con una cuchara, retirar porciones de sorbete y pasarlo a las copas. También se puede utilizar una manga pastelera. Decorar con hierbas.

Sorbete de Tamarillo

Para 4 porciones:

80 g de azúcar

150 ml de agua

1 clavo de olor

1 trozo de cáscara de naranja

250 g de tamarillo

jugo de 1 limón

Tulipanes de Masa (v. receta siguiente)

Decoración de Chocolate (v. pág. 106)

Hervir el azúcar con el agua, clavo y cáscara de naranja, hasta disolver el azúcar. Enfriar el jarabe.

Licuar los tamarillos, añadir el jugo de limón y colar. Revolver con el jarabe y congelar.

Servir el sorbete dentro de los tulipanes, con las decoraciones de chocolate.

Tulipanes de Masa

Véase receta de Hojas de Masa de la página 60 para los ingredientes y preparación. Cortar moldes de aproximadamente 16 cm de diámetro. Untarlos con la masa, colocarlos sobre una lata fría y hornear a 190°C (400°F) por 5 minutos, o hasta que los bordes se doren (no hornear más de 2 a la vez). Retirar 1 tulipán de la lata con cuidado y colocarlo sobre una copa, presionando suavemente con los dedos (v. foto inferior). Si una hoja de masa se enfría y endurece, calentar de nuevo en el horno por ½ minuto.

Bombones de Helado
Decoración de Chocolate

Bombones de Helado

1 bloque de Helado de Crema *
200 g de cobertura de chocolate oscuro

Primero cortar el helado en tajadas de 2cm de grosor y luego en rombos. Refrigerarlos hasta el momento de usar.
Derretir la cobertura al baño maría. Pinchar los rombos de helado con un tenedor y sumergirlos rápidamente en la cobertura. Dejar secar sobre una parrilla.
Una vez preparados, los Bombones de Helado se pueden conservar en el refrigerador hasta el momento de servir. Si se almacenan por un tiempo más largo la cobertura se vuelve gris. Servirlos en moldes de papel.

* En esta receta, se pueden utilizar casi todas las clases de helado. Cuando lo prepare en casa primero se deben moldear con forma de bloque.

Decoración de Chocolate

200 g de cobertura de chocolate
papel encerado

Calentar la cobertura a 32°C (115°F) y en lo posible mantener esta temperatura constante. Delinear las formas decorativas sobre papel. Con el papel encerado, elaborar una manga pastelera, llenarla con la cobertura y exprimir sobre los dibujos (v. foto).

Glosario

arándano: baya dulce de color negro azulado o rojo. También se conoce como «mirtilo», «ráspano» y «rasponera».

Bourbon: *whisky* americano de maíz al que se agregan centeno y cebada malteada.

Calvados: *brandy* o aguardiente de manzana. Se conoce como «*Apple Jack*» y «*Apple brandy*».

carambola: fruta jugosa, refrescante y levemente ácida. La pulpa, amarilla o anaranjada, es crujiente y fragante. Al cortarla transversalmente se obtienen estrellas de cinco puntas, muy decorativas.

dátil: fruto de una palmera nativa de África del Norte y Oriente Medio. Se come tanto fresco como deshidratado.

gelatiere: *it.* Vendedor de helados.

grosella: baya pequeña y redonda, abundante en Europa.

kiwi: fruto dulce, algo ácido, de piel marrón y algo vellosa la pulpa verde esmeralda, es muy decorativa.

licor de Casis: licor de grosellas negras oriundo de Francia.

licor de naranja: licor aromatizado con cáscara de naranja. Son muy conocidos el *Grand Marnier, Cointreau, Triple-Sec y Curaçao*.

limonadière: *fr.* Vendedor de refrescos.

sabayón: crema a base de vino blanco seco, yemas de huevo y licor. También se conoce como «sabajón».

saúco: pequeñas flores blancas o amarillentas, muy aromáticas. Se conoce como «sabuco» o «sabugo».

tokay: vino blanco húngaro producido en los Cárpatos.

vermut: aperitivo blanco o rojo que se elabora con vino, jarabe de azúcar o de mistela (jugo de uva sin fermentar con aguardiente de vino), alcohol y plantas aromáticas.

vino Málaga: vino español muy dulce de uvas Pedro Ximénez o de la cepa Moscatel.

Tabla de conversión

Líquidos (volumen)

Litro	Taza	Básica
2,5 ml		½ cdita.
5 ml		1 cdita.
7 ml		2 cdita.
15 ml		1 cda.
28 ml	⅛	2 cdas.
56 ml	¼	4 cdas.
75 ml	⅓	5 cdas.
110 ml	½	8 cdas.
150 ml	⅔	10 cdas.
170 ml	¾	12 cdas.
225 ml	1	16 cdas. = ½ pinta
250 ml = 1/41		
280 ml	1 ½	20 cdas.
335 ml	1 ½	3/4 pintas
450 ml	2	1 pinta = ½ cuarto
500 ml = 1/21	2 ¼	
560 ml	2 ½	1 ¼ pinta
675 ml	3	1 ½ pinta
750 ml = 3/41	3 ½	
840 ml	3 ¾	
900 ml	4	2 pintas = 1 cuarto
1000 ml	4 ½	

Índice de recetas

Merengue 84
Merenguitos de Coco 72
Omelettes de Bizcocho 62
Puré de Papaya 84
Repollitas 56
Salsa de Chocolate 56
Salsa Moca 50
Savarin 74
Tartaletas o barquitos 52
Tulipanes de Masa 104
Waffles de Avellana 54

Granizados*

de Ruibarbo 98 (C)
de Melón y Vino Espumoso 98 (C)

Helados básicos*

de Albaricoque y Tofu 24 (C)
de Almendra 42 (M)
de Avellana 58 (M)
de Café 40 (M)
de Canela 90 (M)
de Cereal (Muesli) 54 (M)
de Cerezas Ácidas 29 (M)
de Crema 25 (B)
de Crema Básico 27 (M)
de Crema de Aguacate 32 (M)
de Crema de Chocolate 21 (C), 28 (M)
de Crema de Fresa 21 (C)
de Crema de Maracuyá 32 (M)
de Crema de Melocotón 24 (C)
de Crema de Vainilla 21 (C); con Agua de
    Azahar 30 (M)
de Crema Stracciatella 28 (M)
de Crocante de Avellana 64 (C, B Y M)
de Chocolate 26 (B); de Chocolate Blanco
    76 (M)
de Frambuesa 92 (C y M), 60 (C y B), 78 (M)
de Fresa 25 (B)
de Kiwi 62 (C y B)

de Lavanda 32 (M)
de Limón 29 (M)
de Málaga 42 (M)
de Mango 32 (M)
de Manzana 29 (M)
de Miel 30 (M)
de Mora 78 (M)
de Münster 46 (M)
de Naranja 70 (M)
de Nuez 28 (M)
de Pistacho 40 (M)
de Requesón 30 (M)
de Ron 66 (M)
de Té 30 (M)
de Turrón de Almendra 28 (M)
de Vainilla 32 (M)
de Yogur de Piña 29 (M)

Sorbetes*

de Bayas 100 (M)
de Grosellas 100 (M)
de Hierbas 102 (M)
de Limón 100 (M)
de Mora 100 (M)
de Pétalos de Rosa 102 (M)
de Tamarillo 104 (M)

* Las letras C, B y M identifican el método
de elaboración del respectivo helado, así:

C   Sólo se emplea el congelador.
B   Se utilizan una batidora de cuchillas y el
     congelador.
M   Se requieren una máquina para hacer
     helados y el congelador.

Feinstes Konditor Eis.
Portion v. 10; an. Vom Guten, das Beste! Waffel v. 5 an.